QUELQUES IDÉES POLITIQUES

D'UN GASCON

PAR B. A*** (DU GERS).

Multa paucis.

Prix : 20 Centimes.

PARIS,

TYPOGRAPHIE BÉNARD ET COMPAGNIE,

PASS. DU CAIRE, 2.

1848

Je n'aime pas les préfaces, je n'en ferai point ; qu'il me suffise de répéter le titre de ma brochure : *Quelques Idées politiques d'un* GASCON. Ce titre dit qui je dois être ; le lecteur jugera qui je suis.

NOTA. Mon travail a été présenté, dans le mois d'avril dernier, à un Comité d'Électeurs dont j'étais membre. Ce n'est que sur l'invitation de quelques amis que je viens de me décider à le faire paraître.

QUELQUES IDÉES POLITIQUES

D'UN GASCON.

Pour la troisième fois le peuple vient de reconquérir ses droits imprescriptibles de souveraineté.

Un Gouvernement va être formé par lui et pour lui; il sera le Gouvernement de tous par tous, la République.

Il faut à la République des bases à jamais inébranlables; que chaque citoyen apporte donc sa pierre à cet édifice dont la solidité doit traverser les siècles. Du premier au dernier degré de la grande échelle de la société chacun doit travailler à cet œuvre glorieux.

Que le riche aide de sa fortune par des prêts religieusement assurés.

Que le fonctionnaire prenne avec sa conscience l'ordre et l'économie pour jalons de ses travaux.

Que l'écrivain éclaire ses concitoyens sur leurs droits et leurs devoirs.

Que l'ouvrier rentre dans ses ateliers, l'agriculteur aux champs, afin de faciliter la voie du progrès qui devra nous conduire au bonheur.

Que les bras vigoureux de la jeunesse défendent la frontière, si jamais elle était menacée.

Que ceux qui ont blanchi au service de la patrie aiment la République et la fassent aimer, et qu'ils maintiennent l'ordre et le respect aux lois.

La France marchera alors, resplendissante de gloire, à la tête des nations civilisées de l'Univers, et son immortelle devise: *Liberté, Égalité, Fraternité*, sera l'étoile polaire des peuples sur l'océan des révolutions!

Un des grands résultats de la révolution de février a été de réunir et de faire marcher de front des hommes aux opinions divergentes, quelquefois diamétralement opposées ; leur but, sans nul doute, était le même, ils voulaient tous le bonheur de la France ; mais les moyens d'arriver à ce but étaient chez eux essentiellement différents. Soit égoïsme, soit aveuglement, ils s'isolaient ; aujourd'hui ils comprennent tous que leur union fera leur force, ils se rallient franchement autour du même drapeau ; ils fondent leurs diverses prétentions dans une seule et même idée ; ils reconnaissent tous un seul Gouvernement possible, celui de la République ; tous la veulent une, grande, forte, généreuse, indivisible. On avait voulu les séparer en deux camps, on avait voulu les diviser et distinguer les républicains d'*aujourd'hui* des républicains de *la veille ;* cette distinction ne saurait subsister, les uns et les autres sont franchement républicains, et à ceux qui voudraient les désunir nous dirons hautement : « Vous êtes des *réactionnaires.* »

La *souveraineté* du peuple exercée par le suffrage direct et universel, telle est la base, tel est le vrai fondement de la République. Ce ne sera plus la volonté d'un seul ou de quelques uns qui gouvernera, ce sera la volonté de tous.

L'*Assemblée Nationale* c'est le peuple ; ses actes sont les actes du peuple. Des pouvoirs sont délégués à cette Assemblée.

Qu'elle en use avec sagesse, et qu'elle nous donne un Gouvernement grand, fort, généreux, libéral mais non pas prodigue, économe mais non pas parcimonieux.

Les divers Gouvernements qui viennent de se succéder n'ont pas assez tenu compte des frivoles dépenses et des gaspillages qui ruinaient la fortune publique ; ils ont laissé engloutir des sommes énormes dans le budget d'un nombre incommensurable de places, sinon inutiles, du moins payées dans de trop larges proportions. — Ce ne serait pas remédier au mal que de suivre un système opposé, et il serait tout aussi nuisible au Gouvernement de rendre honorifiques la plus grande partie des places, et de donner au rabais l'autre moitié. (L'expérience ne prouve que trop que le bon marché coûte souvent très cher.) Qu'entre ces deux extrêmes il sache prendre un juste milieu, qu'il réduise au nombre strictement nécessaire les fonctionnaires et les fonctions, qu'il rétribue avec mesure les services rendus, que les emplois, les traitements.

et les avancements suivent un ordre hiérarchique; qu'il laisse toutefois libre cours à l'émulation par l'établissement de récompenses ou d'avantages exceptionnels, et alors l'administration, cet auxiliaire puissant et indispensable du Gouvernement, fécondera tous les germes de prospérité qu'il contient.

La réforme dans l'administration est sans doute impérieuse, la réforme dans la taxation des impôts ne l'est pas moins. *Que le superflu soit frappé par l'impôt , que le nécessaire n'en soit pas atteint ,* telle est la règle inviolable qui doit servir de base à cette réforme.

Le sel , le vin , la viande sont des objets de première nécessité, ils sont les besoins du pauvre comme ceux du riche ; les imposer, c'est imposer inégalement le pauvre et le riche , car c'est ajouter à la misère de l'un , et lui refuser quelquefois le droit à la vie , et effleurer à peine la fortune de l'autre. Tout impôt sur ces objets doit donc être aboli. — La correspondance est aussi un besoin de première nécessité , personne ne saurait le nier ; la réduction et l'uniformité de la taxe des lettres sont donc commandées par un intérêt de haute justice. *Trouver dans la taxe des lettres un impôt qui permettra de recouvrer le prix de revient,* à mon avis, voilà tout ce que doit être *la réforme postale.*

Mais si , dans des mesures de justice et d'humanité , l'État abolit des impôts, il doit se créer ailleurs d'autres ressources. Les nombreux millions que ces quatre impôts apportent dans les caisses du Trésor , doivent être remplacés. Comment donc réaliser de nouvelles recettes ? La révision des contributions indirectes, de l'enregistrement, des douanes, etc., peuvent procurer des sommes énormes. Ces questions seront sans doute approfondies , et amèneront des résultats que je ne pourrais moi-même prévoir.

Je me suis jusqu'ici spécialement occupé des ressources que pourraient procurer les contributions directes , et j'exposerai quelques-unes de celles que m'a suggérées l'étude de cette importante branche de revenu. *L'impôt proportionnel,* tel qu'il est aujourd'hui, quoique établi sur de fortes bases, ne saurait subsister sur ces mêmes bases, il ne pourra plus suffire aux besoins de la République. Cependant, une augmentation uniforme de cet impôt est chose matériellement impossible. Comme toujours , c'est le pauvre qui en supporterait tout le poids , et qui, sans nul doute , y succomberait. Que cet impôt soit donc conservé tel qu'il est , que l'on se garde de rien changer au système qui le régit; que, pour réparer la brèche faite au Trésor par l'abolition des quatre autres, il en soit créé un nouveau sur le *revenu net*, c'est-à-dire sur le revenu excédant les besoins de l'individu et de la famille ; que le revenu nécessaire soit uniformément établi pour chaque individu, et que chacun, n'importe le rang, la fortune, la position, propriétaire, capitaliste, rentier, employé, ouvrier, agriculteur, etc., etc., soit imposé progressivement.

Serait-il donc si difficile d'établir le revenu net de chaque individu , de chaque famille? Ne pourrait-on pas, pour le propriétaire, par exemple, le fixer sur un extrait des matrices cadastrales, ayant soin d'en défalquer les hypothèques qui grèveraient la propriété? Pour le capitaliste, ne pourrait-on pas le fixer sur des relevés au bureau des hypothèques? Ne pourrait-on pas assujétir les lettres de change et les obligations de toute nature à l'enregistrement, sous peine de faire réputer caduques par les tribunaux (1) celles qui ne rempliraient pas ces conditions? Ne pourrait-on pas établir le revenu net des rentiers de l'État et des employés en retraite sur le chiffre de leurs rentes et de leurs traitements? Je crois que de cette manière chacun coopérerait aux charges, en proportion de sa fortune. Qui oserait se plaindre alors que le superflu fût imposé, tandis que l'on n'aurait pas touché au nécessaire ?

Si, d'après mon système , le revenu nécessaire était fixé, par exemple, à 500 francs (peu importe le taux), pour un seul individu, l'impôt sur le revenu net ne frapperait que l'excédant de ces 500 francs, en sorte que, une famille, pour être imposée, devrait avoir un revenu excédant 1000 fr., 1500 fr., 2,000 fr., suivant qu'elle serait composée de deux, trois, quatre membres.

Je suppose maintenant que les premiers 500 fr. excédant le revenu nécessaire, fussent imposés de 1/2 p. %; les seconds 500 fr. de 1 p. %; les troisièmes 500 fr., de 1/2 p. %; ainsi de suite, en augmentant de 1/2 p. % l'impôt de tous les 500 fr.

(1) Pour ne pas gêner les transactions commerciales, on pourrait affranchir de cette mesure les billets à ordre et les mandats de négociant à négociant.

en plus du revenu nécessaire, il s'en suivrait que, pour un revenu net de 500 fr. par individu, on paierait 2 fr. 50 ; pour un revenu de 1000 fr. l'impôt serait de 7 fr. 50 ; pour un revenu net de 1500 fr., il serait de 15 fr. ; pour un revenu de 2000 fr., on serait obligé de payer 25 fr. d'impôts.

Le chiffre de l'impôt proportionnel et celui de l'impôt progressif devraient être calculés alors de manière à satisfaire complètement aux besoins de la situation.

Si le système que je viens d'exposer, et dont la simplicité permet une application immédiate, si ce système, dis-je, était réalisé, aurait-on besoin de recourir à l'impôt *somptuaire* ou de luxe, qui portera toujours un coup mortel à l'industrie et au commerce, et n'atteindra jamais le but que l'on se propose. Cet impôt a déjà existé, les résultats qu'il a produits devraient bien être une leçon pour ceux qui seraient tentés de le rétablir.

Vous cherchez des ressources, mais vous avez encore mille moyens de vous en procurer. Le gouvernement ne pourrait-il pas prendre en main l'assurance générale contre les pertes auxquelles les propriétaires se trouvent tous les jours exposés, par suite d'incendies, de grêles, d'inondations, d'épidémies sur les bestiaux, de corrosions de terrain, etc., etc. Il est déjà presque toujours obligé de venir au secours de ceux qui sont frappés par ces fléaux ; mais, quelle que soit sa générosité, il ne peut jamais donner d'assez forte indemnité, et la répartition qu'il fait faire à cet égard, est trop souvent l'objet du caprice, de la faveur et de l'arbitraire pour ne pas donner lieu à de nombreuses réclamations.

En ajoutant quelques centimes additionnels aux quatre contributions directes, les pertes supportées par les contribuables pourraient être entièrement indemnisées avec bénéfice pour l'État. Du reste, cet impôt est déjà payé volontairement à l'industrie privée.

La création d'une pareille source d'impôt tendrait certainement à réaliser les vrais doctrines de la République. Des cotisations payées par tous viendraient contribuer à la réparation des dommages éprouvés par quelques-uns, et nous ne verrions plus des contrées entières condamnées à la ruine par suite de ces fléaux. Un tel projet serait tout à la fois avantageux à l'État, dont il augmenterait les ressources, et aux particuliers, dont il préserverait les fortunes, en les affranchissant des exigences de la spéculation.

Mais si les recettes doivent être ainsi augmentées, c'est qu'il faut parer à des dépenses urgentes et indispensables. L'organisation de ces dépenses est un de ces engrenages de la grande roue administrative, sans lequel elle ne saurait longtemps fonctionner.

La grande question à l'ordre du jour, question capitale de laquelle dépend l'avenir de tant de classes, c'est l'amélioration du sort des ouvriers. L'organisation du travail, cette fusion entre les intérêts des producteurs et ceux des consommateurs, cet équilibre entre le travail et le salaire, est un problème dont la solution est de la plus haute importance; il ne saurait être trop approfondi. Les économistes qui l'ont traité, jusqu'à ce jour, ont-ils bien compris toute la tâche qu'ils s'étaient imposée? On ne peut le croire. Ils ne se sont occupés que d'une classe d'ouvriers; de celle des villes. Il en est une autre, cependant, qui n'est pas moins nombreuse, pas moins intéressante, et qui ne paraît pas avoir eu part à leur sollicitude.

Comme l'ouvrier des villes, celui des campagnes est, lui aussi, producteur. Ses produits sont les plus nécessaires, les plus indispensables, et il est oublié. Que ces grands organisateurs le sachent bien, c'est l'oubli dans lequel est tombé le sort de l'agriculture qui enlève tant de bras au sol; l'abandon le plus complet semble étouffer l'agriculture et la laisser dans un arriéré auquel on doit l'arracher au plus tôt. Le mal est grand, il grandit tous les jours, et si l'on n'y songe, il deviendra incurable.

Jetons un coup d'œil rapide sur ces enfants du laboureur, toujours élevés dans les langes de la gêne, souvent sous les haillons de la misère. Ils grandissent comme les autres, mais leurs sentiments grandissent aussi, et ils ne s'aperçoivent que trop tôt du sort qui les attend sous le toit de leur misérable cabane. A peine arrivés à l'âge où les ateliers peuvent les recevoir, ils quittent bien vite leur foyer et vont se lancer dans une carrière qui se présente à eux avec un avenir meilleur; ils viennent grossir la population des villes qui regorgent déjà; ils viennent augmenter cette foule que le chômage rend presque toujours turbulente et difficile à contenir. Du reste, comment résister à la tentation ? Le genre de travail de l'ouvrier des villes, son salaire, sa bonne nourriture, ses plaisirs, tout jusque dans sa mise même est bien fait pour enflammer la jeune imagination d'un fils de laboureur. S'il quitte son village peut-il jamais perdre à l'échange ? Que trouverait-il chez lui ? Un travail pénible et mal rétribué, une nourriture grossière et à peine suffisante, quelques haillons pour se couvrir. Des plaisirs... il n'y doit pas songer.

Dans les villes, l'ouvrier malade trouve des hôpitaux, des soins empressés, un médecin, des remèdes, une convalescence qui lui permet d'attendre les travaux. Combien est différente la position du laboureur que la maladie enlève à sa charrue! pas de médecin, pas de soins, pas de remèdes ; la nature chez lui est livrée à son propre cours. Du reste, s'il échappe au mal, quel sort lui est réservé ? Il meurt de faim, de misère, ou bien il est obligé de tendre une main mendiante à la porte de ceux qui accusent sa paresse et daignent à peine lui donner. Comment ne déserterait-il pas ces lieux, où l'attendent les privations, la faim et la misère, quand il a la certitude qu'avec l'amour du travail, il ne sera jamais forcé à s'humilier?

Ne songerez-vous pas enfin à ces maux, grands penseurs qui prétendez améliorer le sort des ouvriers? Ne commencerez-vous pas par guérir cette blessure saignante qui peut devenir mortelle ?

Vous voulez l'association comme moyen d'organiser le travail et d'améliorer le sort des travailleurs ; mais l'association est encore une de vos utopies.

— Comment la voulez-vous, cette association ? La concevez-vous avec l'intervention du Gouvernement? Mais elle ne saurait être, même dans ce cas, de longue durée. Comment pourra-t-il se former un contrat social entre le maître et l'ouvrier, dont les intérêts sont si opposés ? Pourrez-vous jamais anéantir la concurrence, cette plaie incurable qui ruine le commerce en perdant le plus grand nombre au profit de quelques-uns? Pourrez-vous jamais empêcher le fabricant de se procurer les matières premières au plus faible prix, et de les livrer ensuite à un taux qui lui donnera l'avantage sur ses confrères, dans le placement de ses produits ? N'est-il pas alors obligé de marchander la main-d'œuvre et de l'obtenir au rabais ?

Si le Gouvernement intervient, quelle garantie lui sera offerte par l'association ? Cette association sera-t-elle collective entre les patrons et les ouvriers, ou chacun pourra-t-il faire son traité individuel et particulier ?....

Mais peut-elle être collective ? Les ouvriers ont-ils tous la même force, les mêmes talents, la même activité ? Peuvent-ils tous donner une égale quantité et une égale qualité d'ouvrages ? Peuvent-ils tous prétendre à une égale partie des profits de l'association ? Ou bien voudriez-vous que les plus habiles, mus par un sentiment de philanthropie, aujourd'hui fort rare, partageassent également les bénéfices de l'association avec les plus faibles, les moins habiles et les paresseux ? Mais ceux-ci auront toujours trop de délicatesse et de pudeur pour consentir à recevoir cette aumône déguisée. L'égale répartition des bénéfices serait injuste : ce système d'association serait impossible.

Il serait plus naturel qu'il y eût un traité d'individu à individu, de patron à ouvrier, que celui-ci fût payé proportionnellement à son travail, mais que son salaire fût tel que, dans les temps de chômage, il pût être à l'abri du besoin. S'il ne doit pas participer aux pertes du patron, il n'est pas juste non plus qu'il participe à ses bénéfices.

En supposant le cas de l'association, si par de fausses spéculations ou d'autres causes quelconques, cette association tombait en faillite, quelle serait la victime de la déconfiture ? Serait-ce l'ouvrier ; il n'a que ses bras pour répondre ; il pourra toujours se retirer avec le produit de ses salaires, tandis que le patron deviendra la proie de ses créanciers. Cette disparité dans le sort de l'un et de l'autre serait révoltante.

Il est donc bien difficile, nous dirons même impossible, d'organiser les travailleurs par l'association. Mais il est un devoir, — un devoir sacré pour le Gouvernement, c'est celui d'améliorer le sort des classes souffrantes ; or, est-ce en établissant des ateliers nationaux, où seront reçus tous les travailleurs indistinctement, qu'il aura la solution du grand problème de l'organisation du travail ? On ne peut l'espérer. Le Gouvernement porterait de cette manière un coup mortel à l'industrie privée et au commerce; il leur doit protection comme il doit protection à l'ouvrier; que s'il établit des ateliers nationaux, ces ateliers ne soient pas un repaire pour la paresse, et qu'il en établisse dans toutes les villes, mais seulement pour donner du travail dans le temps de chômage, alors que la consommation n'est plus proportionnée à la production; que dans ces ateliers l'ouvrier soit payé à la tâche et non à la journée, et que son salaire ne soit pas aussi fort que celui que lui donne l'industrie privée, et alors il retournera bien vite à celle-ci sitôt qu'elle pourra lui donner du travail. De cette manière, l'État ne sera pas engagé à de grands sacrifices, car il pourra obtenir les matières premières à un grand rabais, parce que toujours il se les procurera en grande quantité; et sans faire concurrence aux fabricants, il pourra livrer ses produits aux mêmes prix que ceux-ci.

Nous avons dit combien, jusqu'ici, l'ouvrier des campagnes a été négligé, combien il est toujours malheureux.

La République a mille moyens à sa disposition, si non pour le rendre heureux, du moins pour lui donner abondamment ce pain qui lui coûte tant de sueurs et qui peut le nourrir à peine. Des terres incultes, des landes à défricher, des marais à dessécher peuvent donner du travail à des milliers de bras; non pas de ce travail inutile qui ne peut que convier à la paresse ceux qui y sont préposés, mais de ce travail productif qui augmenterait la richesse de la France dans des proportions considérables. Que l'État livre à la culture ces terres vagues et de vaine pâture; qu'il les transforme en vignobles et en plantations de toute nature; qu'il fertilise ce sol dont l'acquisition lui sera si facile, la culture si peu coûteuse, et dont les productions seront une source intarrissable de revenus. Qu'il exécute dans tous les terrains arides un système d'irrigation dont les frais puissent être imposés aux contribuables en les grevant de quelques centimes additionnels; qu'il endigue les rivières, dont les débordements sont des fléaux et répandent la désolation et la misère dans des contrées entières. Tous ces travaux ne sont-ils pas des moyens infaillibles d'améliorer le sort de l'ouvrier des campagnes et d'accroître en même temps la fécondité et la production du pays.

L'agriculture est dans un état déplorable d'abandon, cette branche de travail peut et doit cependant marcher vers le progrès comme les autres ; le laboureur ne veut ni ne sait sortir de la détestable routine, dont il est entaché. Il ne serait cependant pas indifférent à l'émulation ; l'exemple produirait sur lui de salutaires effets.

Tout le monde connaît les immenses résultats que l'agriculture a obtenus avec le système des fermes-modèles ; ces institutions, malheureusement trop rares dans un pays aussi fertile et si peuplé que la France, devraient bien, par les soins du Gouvernement, être fondées en assez grand nombre, pour que chaque arrondissement en possédât. Le jeune laboureur viendrait y faire ses premières armes ; le vieux routinier sentirait tout ce que son travail a de défectueux, et il le réformerait. L'un apprendrait à aimer les champs, l'autre à leur faire acquérir plus de valeur.

Pour fonder ces sortes d'établissements, le Gouvernement acheterait, soit de gré à gré, soit par expropriation pour cause d'utilité publique, des terrains jusqu'alors improductifs.

Les communes pourraient aussi posséder leurs ateliers nationaux. Les chemins vicinaux et de grande communication sont partout en souffrance ; ils ont tous besoin de réparations, d'entretien. Les ressources communales, secondées par les prestations en argent ou en nature des particuliers, procureraient ainsi un travail certain à l'ouvrier des campagnes dans la mauvaise saison, alors que les champs ne peuvent l'occuper. Mais s'il doit résulter de grands avantages de pareils travaux, il est de toute évidence que les salaires doivent grossir, et que les ressources du travailleur doivent dès-lors le mettre à l'abri du besoin. Que ces salaires soient donc établis dans une juste proportion, et que ceux qui proviennent des ateliers nationaux servent de thermomètre à ceux que le patron devra donner à l'ouvrier. Il est impossible, de cette manière, de nuire aux intérêts du premier, tout en améliorant, d'une manière sensible et indubitable, le sort du second.

Comme on le voit, de grands résultats doivent découler de ces principes, et tous sont l'avantage de la prospérité et de la richesse publiques.

Jusqu'ici je ne me suis occupé que de l'ouvrier valide, mais l'âge et les maladies arrivent ! Vient un temps où ses forces s'épuisent, sa santé s'altère, le travail va lui être interdit, que fera-t-il ? que deviendra-t-il ?

L'employé des administrations publiques, lorsqu'il a rempli sa carrière, lorsqu'il ne peut plus servir l'État, peut se retirer sans s'inquiéter de l'avenir. Il trouve en se retirant une aisance honnête qui lui permet de vivre tranquille dans le repos; les soins de la vie matérielle ne l'inquiètent plus. Pourquoi ce travailleur serait-il mieux traité que les autres, ou pourquoi tous les travailleurs n'auraient-ils pas droit aux mêmes avantages ? L'employé, moyennant une retenue mensuelle sur son traitement, a son pain assuré pour ses vieux jours. Pourquoi l'ouvrier ne pourrait-il jouir des mêmes droits ?

Que l'on établisse une caisse de retraite pour tous les travailleurs ; qu'il soit fait une retenue mensuelle sur le salaire des ouvriers, quels qu'ils soient, et qu'avec les produits de cette caisse tout travailleur puisse être assuré de vivre, lui aussi, dans le repos, alors que l'âge et les infirmités lui interdiront le travail ; c'est une mesure de haute justice, et à laquelle il faut le redire, tout travailleur a des droits.

Après la nourriture, l'éducation est le premier besoin de l'homme. L'éducation est surtout négligée dans les campagnes. Le Gouvernement ne saurait trop aviser à ce que chaque commune possédât un instituteur et une institutrice primaires ; une salle d'asile pour recevoir les enfants des parents que la nature de leur travail réclame aux champs, surtout dans les saisons des récoltes. Ces enfants sont quelquefois laissés seuls et exposés à une foule d'éventualités contre lesquelles les salles d'asile seront toujours un abri. Du reste, les salles d'asile pourraient dépendre de l'école communale, alors surtout que l'instituteur est marié. Ce serait d'ailleurs un moyen d'améliorer aussi sa position en augmentant son traitement suivant l'importance de la salle d'asile qui serait annexée à son école.

Dans les circonstances actuelles, le nombre des instituteurs n'est nullement en rapport avec celui des enfants à élever, et cela se conçoit facilement ; c'est à peine si jusqu'ici le Gouvernement a donné à l'instituteur des campagnes de quoi manger un morceau de pain ; l'on voit même dans beaucoup de communes ces hommes, si utiles et si indispensables, être obligés souvent de s'adonner à des occupations qui ne conviendraient pas aux derniers des individus. Relevez-les, relevez-les à leurs yeux, relevez-les aux yeux de ceux qui doivent leur confier leurs enfants ; faites de leur position une position honorable et honorée, jetez un peu de bonheur sur leur sort ; donnez-leur à eux aussi de cette émulation qui fait sans cesse avancer vers le progrès, et vous trouverez des hommes zélés, instruits et consciencieux, qui dirigeront avec talent les premiers pas des fils de la France, qui feront connaître à nos enfants tout ce que la République a de grand et de glorieux et tout ce qu'elle doit attendre de leur reconnaissance.

L'homme a droit à l'éducation comme il a droit à la vie, comme il a droit au travail. Que l'éducation existe donc pour tous, qu'elle ne soit pas le privilége de quelques-uns ; que le pauvre comme le riche en reçoive les bienfaits ; éducation gratuite pour tous, et le principe d'égalité inscrit sur nos drapaux trouvera encore ici son application ; éducation gratuite et obligatoire pour tous ; obligatoire parce que le devoir est une conséquence corrélative et nécessaire du droit. Que si le père a le droit de faire donner l'instruction à son fils, c'est parce que sa qualité de père lui en impose le devoir ; qu'il s'en acquitte donc de ce devoir ; que la loi veille aux infractions dont il pourrait se rendre coupable à cet égard, et qu'elle les punisse sévèrement. Que l'éducation soit en même temps religieuse et nationale ; qu'elle soit toujours proportionnée aux intelligences qui la reçoivent ; que si parmi les nombreux élèves d'une école il s'en trouve un certain nombre en qui l'on reconnaisse des dispositions particulières vers des études sérieuses ou une aptitude prononcée vers telle ou telle carrière, des rapports soient faits aux recteurs d'académie par les inspecteurs ; que ces élèves subissent des examens préalables et qu'ils obtiennent ensuite des bourses soit dans les lycées, soit dans des institutions spéciales où pourront être développées leurs heureuses dispositions.

Que les autres acquièrent dans l'école primaire, des connaissances assez étendues d'agriculture, quelques principes de botanique et d'histoire naturelle, les éléments de géographie et d'histoire de France, mais surtout qu'on leur enseigne la langue française, malheureusement si peu connue dans les classes pauvres.

Le Gouvernement pourra fixer aux parents l'époque à laquelle ils devront envoyer leurs enfants à l'école, comme aussi celle à laquelle ils devront les retirer. Du reste, cet âge pourra être diversement déterminé par un médecin spécial, suivant les divers individus.

A côté de la funeste plaie de l'ignorance il en existe une autre qui n'est pas moins funeste, pas moins désastreuse; c'est celle de la mendicité. La plupart des villes de France ont compris tout ce qu'il y a de dégradant, d'immoral et de hideux dans la mendicité; la plupart l'ont interdite dans leur circonscription. Mais cette mesure ne doit pas être isolée et propre à telle ou telle localité; elle doit être générale. La mendicité ne saurait exister avec la République.

Or, quelles sont les sources de la mendicité? Elles sont nombreuses, mais elles ne sont pas sans remède. On peut dire que le chômage, la paresse, l'abandon, la vieillesse invalide sont les principales causes qui conduisent à la mendicité. Vous en avez le pouvoir, détruisez l'action de ces causes et les effets disparaîtront immédiatement.

Vous avez les moyens de faire cesser le chômage; cette première cause doit donc déjà être écartée. Quant à la paresse, comment l'empêcher? le moyen ne saurait être plus simple; usez de peines sévères contre tous ceux qui seront convaincus de mendier, dans le simple but de ne pas travailler; ne vous contentez pas de les enfermer pour vagabondage; obligez-les à des travaux pénibles qui leur fassent regretter la facilité qu'ils avaient de vivre sans se donner tant de mal, et vous ne verrez pas les contrevenants tomber en récidive.

L'abandon est aussi une cause de mendicité et de vagabondage. Il y a des parents qui n'ont de la parenté que le nom, et qui fermeront toujours l'oreille au cri de la nature. Il en est, et leur nombre n'est que trop grand, qui s'inquiètent peu de leurs enfants dès l'instant où leur langue peut à peine demander du pain; ces enfants, ainsi abandonnés, n'ont d'autres ressources que de mendier tous les jours le morceau de pain qu'un père ou une mère dénaturés leur refusent souvent. Ils contractent de bonne heure des habitudes de paresse et de vol, qui, quelquefois, les conduisent dans les cachots, et peuvent les mener aux travaux forcés ou à la guillotine. De fortes amendes et même des peines corporelles devraient être infligées à ces parents coupables; ils devraient perdre de suite les droits que le sang leur avait donnés sur leurs enfants, et ceux-ci, sous la main de l'autorité, pourraient retrouver une mère généreuse dans le sein de la République.

Quant à ces jeunes filles, qu'une faute a rendues mères, et à qui le déshonneur et la misère se montrent avec tout ce qu'ils ont d'horrible, qu'elles puissent trouver un asile pour lui confier le fruit d'un amour sinon innocent, du moins excusable; et, qu'à cet effet, les tours soient rétablis, et on ne les verra plus exposer leurs enfants et les abandonner, et on ne les verra plus elles-mêmes tendre la main aux passants.

La vieillesse, surtout la vieillesse invalide, est aussi une cause fort commune de mendicité; mais doit-on réprimer ce délit en punissant celui qui s'en rend coupable? Ici, ce n'est que le besoin de vivre qui pousse à la contravention. Or, après avoir longtemps travaillé, après avoir consacré sa force et sa santé à nourrir une famille nombreuse, il arrive une époque où les maladies et les infirmités se jettent sur l'ouvrier surtout, et le condamnent à la misère et à la faim. La société ne doit pas l'abandonner dans ces derniers moments; elle ne doit pas seulement l'empêcher de s'humilier et d'implorer une aumône, elle lui doit secours et assistance. C'est pour elle qu'il a travaillé, qu'elle lui soit reconnaissante. Qu'il soit donc établi dans chaque commune un bureau de bienfaisance, que ce bureau n'ait pas d'autre destination que celle de secourir et d'aider les vieillards invalides et pauvres.

Ces bureaux de bienfaisance pourront être alimentés par des dons, par des subventions communales et départementales; enfin, par des subventions de l'État, suivant les besoins.

Le bureau de bienfaisance de chaque commune ne serait qu'une succursale des bureaux de bienfaisence cantonnaux, lesquels se rattacheraient, par des liens réciproques, à un bureau de bienfaisance central établi au chef-lieu du département.

Si donc on établit des ateliers nationaux pour donner du travail aux ouvriers valides, dans les temps de chômage, si l'on punit en les condamnant à un travail dur et pénible, ceux que la paresse fait mendier, si l'on inflige des peines sévères aux parents qui abandonnent leurs enfants, si des secours alimentaires sont distribués à ceux que l'âge et la maladie privent de travail, il n'y aura plus de prétexte possible pour mendier, il n'y aura plus de mendicité.

Afin que l'arbitraire et la faveur disparaissent entièrement, afin que la corruption électorale ne puisse plus exister, que le mérite et le droit servent seuls de règle dans l'admission aux diverses carrières et administrations du ressort de l'Etat, il est de toute équité que l'on forme dans chaque département, pour les emplois de médiocre importance, et à Paris, pour les emplois supérieurs, un jury chargé d'examiner les titres à l'admissibilité, afin qu'à la vacance d'une place quelconque, l'admission soit décidée, par le concours, toujours dans la mesure du possible.

Jusqu'ici les avancements dans toutes les administrations publiques n'ont eu d'autre règle que le caprice : il serait indispensable qu'une loi les régît uniformément pour toutes les administrations.

Je n'ajouterai que quelques mots sur l'armée et sur les cultes :

L'armée aurait besoin de réformes. L'armée doit être nationale, et elle ne saurait l'être avec le système de recrutement, tel qu'il est aujourd'hui.

L'impôt du sang ne saurait être remplacé par un impôt d'argent ; le remplacement militaire est chose illicite et anti-nationale, il est contraire au principe d'égalité, en ce qu'il n'est que le privilége des riches. Le sang ne pourra d'ailleurs jamais se payer. Que le remplacement militaire soit donc prohibé, et que tous ceux que la République appelle à son service répondent généreusement à cet appel et se rangent fortement sous ses drapeaux. Aujourd'hui l'état militaire n'est pas une carrière ; le soldat, une fois libéré des sept années de service que la loi lui impose, ne songe plus qu'à rentrer dans ses foyers. Tout ce temps est perdu pour lui, il doit songer de suite à se faire un autre avenir. Or, si une retraite honorable attendait le vieux soldat après un certain nombre d'années de service, il ne quitterait pas les drapeaux quand il a toute la force de l'âge et qu'il est complètement aguerri ; nos plus beaux succès sont dus aux vieux soldats de l'Empire et à la vieille garde ; que l'on fasse de la vie militaire une véritable carrière ; que l'on y attache tous les avantages et de plus grands encore que ceux qui tiennent à toutes les autres, et le soldat restera sous les armes, jusqu'à ce que l'âge ou les blessures les rendent pour lui trop lourdes et le forcent à prendre sa retraite.

Toutes les religions doivent être protégées par l'Etat ; leurs ministres payés par lui dans une juste proportion, suivant l'âge et les services rendus (1).

Les principales lois devront être révisées et mises en harmonie avec la constitution qui va être votée par l'Assemblée nationale.

Qu'un autre développe toutes ces idées vagues et isolées, qu'il les base sur les lois de la théorie, pour les soumettre ensuite à la pratique ; aucun intérêt ne m'a guidé, je n'ai eu d'autre but que celui d'apporter ainsi mon grain de sable à la solidification de la République ; heureux s'il n'est pas inutile, je croirai avoir rempli ma tâche.

(1) J'ajouterai à cet égard que l'on devrait bien défendre aux prêtres catholiques de percevoir ces droits si onéreux pour leurs administrés, et qui, dans certaines localités, leur donnent des appointements que ne touchent pas les premiers magistrats. Le casuel s'élève quelquefois à quinze ou vingt mille francs dans les villes de premier ordre.